JN411109

갈대는 바다를 품고 산다

정홍순 시집

문학의전당 시인선
0308

갈대는 바다를 품고 산다

정홍순 시집

문학의전당

시인의 말

갯벌에 바람을 적는다.
질탕한 울음과 웃음이 섞여 있는
지극히 인간으로 돌아와야 할
원칙에 글을 붙여본다.

하지만
자연의 순리에 따른 평상심에는
아직도 멀기만 하다.
그늘을 갖지 못해
푸석거리는 먼지일 뿐이다.

2019년 7월
정홍순

차례

제2부

제3부

제1부

눈물병

나 죽거든
네 눈물로 나를 덮지 마라

순천만 맑은 두멍 물
한 홉 길어다 쏟으면 좋겠다

나 죽거든
네 아픔으로 나를 묻지 마라

순천만 어딘가
울다 만 병이 남았을 거다

람사르와 짱뚱어

어느 핸가
갯고랑으로 고래 한 마리 밀려들어서
포시 했다는 어보가 있다
족보보다 푸른 기억 저편에
망둥이쯤이야 예사로운 일인데
한 목 아래인 골망둥이라 놀려댔으니
튀어난 눈이 뒤집힐 일이었지만
억척스럽게 갯땅 밀려나지 않고 살아
갯땅쇠와 짱뚱어 이름 새겨놓았다
민적에 붙은 허드레 이름들
남녘땅에 다시 써놓는다
람사르 번호 1594
명승지 41호
국제번호까지 번듯하게 받았다
게다가 유명한 이름 달고 보니
주야장철 사람, 사람으로 넘쳐난다
훈훈한 뚝배기 인심 나는 줄
다들 알고 있으니만큼

괄시 말고 오순도순
탕 자실 때마다 잊지 말았으면 싶다

너와 나의 막

새벽닭 긴 여운이 목신의 피리처럼 들린다
상강 아침 서리꽃 헌시가
목울대 가득 읊어지고 있다

눈부신 부리로 태어날 환희를 지두르면서

순천만에 너와 나의 막을 짓는다

태양 같은 열애와 달빛 속에 젓는 손짓과
성스런 이정표를 세운다

내가 올 때 너는 가더라도
썰물 끝에 밀물 오듯 우린 그렇게 살리라

바닥 살이

된장 맛이 제법이다
어머니 맛 살려낸 그녀가 제법이다
된장이 살았다
우리도 살았다
아들은 된장국을 좋아라 한다
바닥 긁어 수능날도 된장국 가져간 아이
이젠 갯벌 한 숟가락 풀어 먹으면 어떠냐
밑바닥 맛이 어떤 것인지 끓여보자
갯벌 한 솥단지 푸지게 끓여
방아 잎 썰어 넣고 제피가루도 타서
갯고랑 맛이 어떤지
전라도 맛이 어떤지
참살이 맛이 무엇인지 먹어보자
저 바닥에 오늘도 나가 뚝뚝 간을 대는
네 애비를 아느냐
염장하는 날 가슴 탄 숯으로 독을 먹는
네 어미 그 맛을 잊겠느냐

농게와 밥

혼자 거울 앞에서 밥을 먹는다
밥 먹는 모습이 이렇게 어색할 수가
나는 아직도 나에게 어색한 존재

흑두루미가 밥을 먹는다

농게 한 마리 점잖게 입에 물고
간장게 먹는 내 방식과
흑두루미는 그냥 먹는 것 차이밖에 없다

생식에서는 별 차이 없지만
식은 밥과 눈물
식탁과 성스런 죽음 뭐 그런 차이

흑두루미와 내가 농게를 먹었다

농게 잡아 검댕이 보리밥
호박잎 싸서 먹어도 허청거리던 내가

게걸음치며 사는 것을 알았겠지

묽은 똥을 싼다
너는 천연기념물의 똥을 눈 것이다

바람언덕

바람 불면 山이
영험해진다는 것을 너는 알고 있겠지
일몰에 떠나가는 너를 두고
山은 울기도 하였다
돌산과 백야도 봄바람 봉수 오르면
봉화산 철쭉불 타올라
700년 山을 지고
호수정원 아리따운 언덕에 서서
화전에 수수히 한 잔 적시고 놀아보라
山아, 山아 성황당산아
한마당 칼칼하게 부르는 남도 山아
암컷 수컷 숨길 일 없이 수풀에 걸던
바람 불면 江이
청라해진다는 것을 너는 알고 있겠지
山은 어느새
江을 따라 오르내리기 수백 번
아득한 물소리로 떠나간 이름처럼
다시 차도록 아팠던 꽃이 되어

양지꽃 애기풀 애기나리 콩제비
홀아비꽃 괴불주머니 으아리 으름꽃이
비단 속으로 자맥질하는 것을 봐라
너는 이제 바람언덕에 서서
봄의 노래 치유하는 사월을 맞으라

---

*찰스쟁스가 봉화산을 형상화한 순천만정원 이야기.

갈대바다

꼿꼿이 서서 뛰는 짱뚱어
갯벌 차며 던지는 지느러미 바다
물 끝 헤치고 나가는 깃발을 보라

기적 속으로 살아나가는 자유
뻴민의 노래가 들린다

아, 만세

바람벽 세워 산정에 타 붉게
흔들며 사는 바다
세월의 살을 살적에 꽂아놓는다

어린것 몰고 재촉하는 이

별이 돋는 하늘에
손가락 하얗게 꼭꼭 매고 있는 이

들꽃 여인

해룡천길 자전거는 멋도 모르고 달린다
나도 그렇게 달렸다

뚝방길 끝에는
이십팔 평방킬로미터의 갯벌 땅

바다로 가는 길

무슨 꽃인지 꺾어
이름도 부르지 못하고
시들어버린 꽃을 바다로 보냈다

아내는 이다음
바다가 뵈는 야트막한 산에 뿌려달란다

땅끝에 서서
부를수록 깊어지는 이름
서러운 이름을 불러낸다

농막교회

사람 한번 교화시키겠다고 시작한 일이
젖은 혼 마르기 전에 농투성이들만이
하늘에 입도할 것 같아
어머니 계신 고향 한달음에 달려온 것은
생의 1막이 성공한 것이다
인생은 이순부터라 했것다
영만이 형 만만세
농사꾼 옷 갈아입은 사제를
총무라 부르는 금치리
두무포가 내려다보이는 그의 농막에는
제석산에서 부쳐온 봄이 배달되고 있다
통장어탕 한 뚝배기씩 나누고도
향숙과 상희는 성이 차지 않았나보다
어머니 한참 때 푼돈 하시던
냉이랑 달래 한 소쿠리씩 훔쳐낸다
봄 도둑들에게 인심 푼푼한
홍매, 청매, 수양매
돌담에 기울어 핀 동백 사이

부삽에서 나온 토종닭이 케케묵은 소리로
불러대는 이름
제석산 쇳돌처럼 둘러앉아
영만이 형 흙손으로 답장을 쓰고 있다

갈대가 가끔 칼 쓰는 날

한판 신명나게 춤사위 펼치고 있다
임금도 나도 넋을 잃고 만다

미다스 왕의 귀는 당나귀 귀
나는 당나귀 정(鄭)가의 종손
예수 나귀 타고 입성할 때
나를 탄 거라 믿는 광신자다

무아에서 부는 칼바람이 작열한다

귀 잘린 갈대 교도들
허튼소리어거지소리비렁뱅이소리거짓부렁이소리
다 잘려 나간다

칼바람이 부는 날 순천만에 간다

미치러 간다
갈대에 베어지고 싶어 간다

화포에 가면

오지호기념관에 가면
모후산 메주콩 삶는 냄새가 난다

남농기념관에 가면
노적봉 닮은 남근이 불끈 솟는다

순천만 화포에 가면
쪽빛 바닷가에 사는 여인이 있다

백민미술관에 가면
보성강 씻은 절창의 소리 들린다

남포미술관에 가면
팔영산 아버지 흙발 털고 계신다

봉화산 아래 화포에 가면
아침 해 이고 나오는 그녀가 있다

해안메꽃

뿌리내리고 산다는 것
그로부터 자유에서 속박 당함일 것이다
자유 없는 곳에서
더 행복할 수 있다면
인내의 섭생을 버리지 않는다는 것이다

한 줄기 꽃으로 태어나
물결에 무질러간 끝자락이
오랜 그의 터라면
짜디짠 세상 타박할 만도 한 것을
꽃꼭지 물고 선홍빛에 하루를 달아낸다

선홍한 바람 부는 날
사랑 겹거든 순천만에 오너라
겨드랑이에서 꺼낸 사랑 같은 것이
얼마나 간지럽게 조랑대는지 보거라

한없이 목마른

그 얇은 꽃잎 같은 것에서
메꽃이 소금꽃이 아니란 걸 알기나 해라

뿔 돋은 시

1
목마른 시를 씹다

비명 한 사월 진달래 한 송이
꺾어서 바친다

2
탈골한 시를 묶어

이장하는 날 한식 밥 한 그릇
조팝꽃 수북하다

3
그대가 시를 만나 눈물 닦으면
누가 죽었는가

그대가 시를 만나 가슴 저리면
누가 살았는가

4

뿔 돋은 시가 운다 벌판에 대고
어린 염소 운다

울어도 시는 없다 목 넘어 오는
정이 너무 쓰다

노을

성내리 와온 석양 찾는 사람들

붉은 영혼이 반갑다

발고기 숭어처럼 몸부림치지만

노동이 생의 핍박될 수 있는가

바다는 오늘도 점 하나 찍는다

연리지의 꿈

파릇파릇 돋아나기 시작한 꿈

한손씩 그린
아이들 수천 장 꿈의 다리 건너와
봄은, 구상에서 이사 온
형제나무 밑동 아래로 밀어 넣고

스무 해 터울로
오십 줄에 앉은 팽나무가 버젓이 산벚나무와
산벚나무는 때죽나무 보듬어
꽃을 적시며 놀고

그늘 아래
할머니 손에 매달린
서늘한 녀석이
걸음마 보태며 아장아장 걸어간다

---

*순천만정원 나무 이야기.

진석리 입석에 기대어

그들은 삼삼오오 둘러앉아
쓸쓸한 담뱃불이나 붙이고 있다
긴 가뭄에 머리칼과 수염들이 덥수룩하다
소쿠리만 한 배들 뭍으로 끌어매고
나문재 밭에 오른 텁텁한 갯물은
궁둥이 밑까지 쫓아와서 알장거리지만
누구 하나 봐주는 이가 없다
말없이 담배만 나누는 이들에게
갯고랑 가로지르는 쇠말뚝에 앉아
갯벌의 깊이 타전하는
갈매기 똥 하얀 분진이 얼룩지며
진기한 암호가 새겨진다
〈생태수도로 가는 길〉
껍질만 나뒹구는 꼬막이 스친다
갈수록 인심마저 가물어지는
비를 물고 삐쭉거리는 하늘이 밉다
고속도로가 다 완공되면
게딱지 차들은 막차 없이 달리겠지

다리 밑으로 키 잡고 관통할 그들의 하품
댓진 내가 고약하다

쇠리에서

산만 한 울음 끌고 간다
가다 무거우면 비워도 될 것을
봉화산 아래 바짝 당겨놓고
순천만 붙여 너는 울었다

생명의 징후가 어떤 것인지
너는 오래 찾았다

갯벌 위로 뱉어진 태양은
눈 속에 박힌 눈물보다 가볍게
설은 바다 익히고 있느라
너는 한 번 더 울었다

훌쩍 발길 떼지 못하는 너는
진정 애틋한 성가족이다

---

*쇠리는 장산과 화포 사이 소가 우는 형세라는 우명마을의 다른 이름이다.

안개나루

안개 속에서 학이 나에게 가르쳐준 길

날개 펴고 날개 접고

팔 펴고
팔 접고

펴고 접고 펴고 접고

금세 날 것 같다

빈 배 홀로 떠 있고 나는 갈 것 같다

아, 기막힌 꿈

활의 노래

하나님 갯벌 만드실 때
다섯 손가락 안에 주소 삼은 순천
백제 이후 천도한 광활한 묵시 땅으로
생태 왕이 태어난 정원도시다

청백리 말발굽 우렁차게 산맥 넘는
팔마(八馬) 갈기 세운 땅 다시 태어나도 갯벌
사방 묽은 역사 디디며
기다림이라는 신앙으로 살았다

말뚝 같은 믿음 박고
칼바람 삭히며 살아온

보름사리 달꽃 젖는 갈밭 갯벌 땅

철 따라 오는 새들이 모를성싶으랴
수만 리 허공 가르며 오는
그 따뜻한 주둥이로 부르는 노래

달 속에
묻어둔 활 꺼내
춤추며 태우는 갈밭 사람들의 겨울을

단풍

오색 가득한 여름 산이 좋아
조카 이름을
하림(夏林)이라 지었다
여름 산만큼 울창하고
고운 색도 없다 믿는 것이다
사사로운 믿음이
내게 익숙하듯이
나무들이 한 해를 치장한다
내 속에
돋아났던 여름도
한 잎씩 불어
그 밑천으로 밀어두는
순천만 찾아 흘러온 바다
나문재 갯벌에
그득한 소리 높이 비상한다

첫눈

목화송이 한 소쿠리 쏟아진다

그리움도 때론 얼기도 하겠지

북 치는 바다

가죽도
쇠도 아닌
산문(山門)의 소리
목어(木魚)가 운다

조계산
보리밥집까지

이슬 비비며 앉아
붉어지는 시월
갯바람 소리 운다

제2부

미인의 눈물

여의주를 희롱한다는
농주(弄珠)마을 앞 용산전망대에서
미인의 눈물을 본다
갈대 같은 그녀
솔가지 스치는 바람 마디가 있는가
엎어져 흔드는 가랑잎 사이
산꿩 소리 날아와
붉게 타며 용의 눈이 젖는다
전설 같은 하루 흘리고 있는
그녀 가슴에 물길 갈라지고
새들도 따라 흐르다 떠가는 길에
들물 속으로
머리 디밀고 일몰 걸쳐 입는
그녀의 눈물은 얼지 않는다
소리 없이 흘러
생의 밑바닥 적신 지순한 전설은
알알이 석류 알처럼
맛있는 빛으로 익을 것이다

동백이 전주르던 날

장홍 위 씨가 주방에서 늦은 밥 먹다
체한 것도 아니고 쓰러져 코 골고 있었던 것은
마지막 당해냈던 일과 중 하나였다

체골이 약해 혼자 몸 가누기도 어려워
풀밭에 넘어져 쉬던 것이 몇 번일까
지독한 다툼도 진눈깨비 속에서 잠시 멈추었다
고추, 마늘, 푸것 거둔 밭에 남은 풀들이
첫눈 맞으며 떨던 날
우리는 그의 시신 메고 옥천 가로질러
수원지 끝 양지바른 곳에 뉘었다

묘지에는 그가 남긴 한마디
〈풀 그냥 내버려두면 쓴다요〉를 새기고
가로질러 오는 것이 일상의 경계임을 알았는데

슬픔도 결국 생을 위한 힘이란 것을
적막 끝에 다다르는 것 또한 생이란 것을

동백이 와르르 피었다가
한 송이 먼저 겨울 문 열어젖히고
순천만 상공 독수리 떼 높이 떠 날던 날
꽂힌 하나의 이유였다

솔섬

내 소소한 눈물과 같은 저 복판
거기 까딱없이 앉아 있는 섬은
목 빼고 기다리는 기억이기도 하다
한때는 주막이 차려지고
거루 사람들 벌이던 술판 따라
물결 지는 대로
꺾어 세운 남풍
이쯤에서 누가 시비 하겠는가
한 무더기 똥처럼 시원했던 적
마음도 통쾌히 눌 수 있었다면
어쩌다 똥섬이라
변죽 울리지만
밤바다 별들이
싱겁지 않은 것은
해묵은 사랑 잡아당기며 울어대는
네 눈물이 있기 때문이다

농사꾼 인우 씨

소싯적 그는 식구들 군불 걱정하다
밤 깊은 산 홀로 울며
별 뜬 하늘 보고 기도했더란다
그 후 얼마나 행복했는지
일이 좋아 일에 살지요, 한
그는 심는 것뿐이다
제 몸 썩어 맺힐 씨알도
몽깃돌 같은 신념도
흙에서라면 무엇이든 심는다
농사꾼으로는 정말 타짜다
땅 치고 붙이며
엎어져 일군 땅이 그이 살이고
파란 하늘이
그가 문지른 손바닥 멍이라면
곧이들을는지
그가 묻어둔 청춘이
파릇파릇 보리밭으로 솟아오르며
인안들에 가득하게 왔다

고니에게

청소리 송치봉에서 흘러나온 동천이
옥천과 동무 삼아 구부렁구부렁
바다로 가다
해룡천 배수장 앞에서 둘이는
삼산 나무들과 바윗등에 피었던
겨우살이를 풀고 있을 때 너는
홀로 있었다
낫달만 하게 돋은 쑥잎
네가 다칠까봐 연한 모가지에 차마
칼을 대지 못하고
손톱으로 뜯어 물든 파란 쑥물이
네 눈물인가 싶어
씻고 헹구어도 지워지지 않았다
손끝으로 너의 모습 집어 보는 것
네가 두었던 거리만큼
파랗게 봄이 오고 있었다
우리는 떠나지 못한다
머물러 아픈 것이 우리의 상처이기에

너는 일순간 다 놓고 우리는
끓는 봄 입술에 적시며
네가 두고 간 사랑을 달랠 것이다

노월마을

노월(蘆月)마을만큼
달 좋은 데도 없겠지

마분지 깔아놓고
살살 달 쓸어 담으면

그게
순천만 달이란 걸
아는 이도 없을 거다

바람과 나무

해마다
상처 문질러 아문
용두 나무

한사리
또 한사리 재우쳐
갯골 문을 열었다

잊었다 한들
잊었겠고

비웠다 하여
없는 것도 아니다

학은 해를 이고 있을까

날 수 있는 것을 제 날개보다 더 믿는 것이 새다
때로는 날개가 너무 아플 때도 있었으니까

꼬꼬산 아래 채씨 집안들로 반촌 이룬
황새머리 솟아 있는 학봉에서
신선이 터 잡아주었다는 선학리(仙鶴里) 뒤란
저수지 물이 새난들로 흘러
진펄 적시고 개펄에서 성에 띠 띠는 동안
차디찬 하늘 질금 매는 것은 새들이었다

새들의 겨울 얼마큼 되나
꼬꼬산 아래 내린 한 둥치의 햇살이
말라붙은 감나무 꼭지에서 흔들고 있다

해거름까지 잡고 버티는 일광(一光)에게
농자 돈마저 다 담글 수는 없다
임란 때 의병 모아 종군한 채인달
꼬꼬산이 웅웅 징소리로 울고 있다

꼬꼬산 바위에 새겨진 십자가
학의 날개 같은 십자가
십자가 지고 가듯 울타리 돌아가는 나뭇짐
반촌의 밤은 일광 베고 잠들 것이다

홀치기 사랑

부르튼 벚꽃이 지천으로 터지면
사월아 부를 수 있는
꽃이 아닐 수 없어
펄쩍거리던 연애가 남았는지

강호에 놀던 어부도의 사람들
빈 배 실었던 달
벚나무에 걸어두고
갯벌에 앉았다

밀짚모자 쓴 고수가 낚아챈 너

높이 날아 떨어지다
봄바람에 죽더라도
인연의 끝하고는 통하지 말자

비녀목

낭자머리 구상할미 비녀가 부러졌다

은자(隱者)의 가부좌 풀리는 날

수줄 암줄 비녀목 걸고
동편 서편 산등성이로 나누어
인안 사람 대대 사람 줄다리기 편먹던

고함 소리가 도룡리에서 터지고 있다

메리 크리스마스

십리 갈대 길이 열렸다
기쁨의 진원지가 어디였는가
어디서 흔들리고 터져
뜨겁게 분출하였는가
오래 간직하다 얼마나 가까스로
뜨거운 화구가 열렸는가
지각이 벌어지고 산산이 괴던
죽을 것만 같던 사랑 누가 보냈는가
땅을 치며 한번쯤은 울고
목 놓아 애절하던 생의 마루턱에
어찌 기쁨을 놓았는가
몸살로 칭칭 아프던 그 안에
자잘한 정 한없이 키웠는가
마디마디 속 절어
얼마나 간절하였는가
무엇이 하나님의 기쁨 되어
곡류하며 흔들 수 있었는가
천천히 식어 탁본할 수 있다면

훗날 이 길 걸으며
꽃으로 너는 필 수 있겠는가
따뜻한 심줄 타고 흐르는 것들에게
평화가 있으리라

서러워 기쁜 날

목구멍이란
서러움과 기쁨이 왕래하며 만들어낸 전설구멍이다

오늘은 바람이 넘친다
고요히 묻혀 자던 순천만에 바람이 넘친다

섣달 스무사흘이 여든다섯 생일인 귀례 씨
남해에서 천안에서 서울에서
재취로 간 어머니 찾아
보름이나 앞당겨 차려 내온 생일상에 목이 멘다

새 옷고름 한번 매보지 못하고
살며 속은 세월이 서러워
딸년들 가슴에 두고 살아온 죄가 무거워
생전 처음이란 말로 갈음하는 아침
바람이 넘친다

아배라는 끄나풀 끊어지자

목구멍이 무서워 정실도 못하는 세월 속으로
생명의 껍데기일 뿐 어머니는 아니었다

본시 부르던 이름 불러주오 하던 날처럼
담 밑에서 노래 짓고 놀더라고 기별하던
"키야 키야 어서 커라 우리 엄마한테 가게"
어린 딸들의 노래 삭히지 못하고 게우는 그에게

다 자란 갈대처럼 하얀 꽃을 얹은 딸네들이
울어 넘치는 바람으로
오늘은 얼음 끝도 한 치나 자라고
늙은 사위의 사모곡은 아침 내내
순천만을 꼭 여미게 하였다

겨울 삽화

순천만 개흙은 해독에 좋다

개흙밭에 놀다 간 아이들
뽀얀 얼굴같이 생긴
눈사람이
숯덩이만 두고 떠나가던 날

까맣게 박히던 하얀 겨울

눈 오던 엊그제 순천만은
하염없이 독을 풀고 있었다

갈대편지

너의 아픔이 밀려와 만조 한다면
뿌리 적시어 네 아픔으로 가득 차겠다

너의 슬픔이 달려와 물결 인다면
슬픔에서 자라 네 꽃을 풀어 흔들겠다

거친 들에서 구름처럼 오는 이
네 슬픔의 증인을 불러다오

네 아픔의 병인이 무엇인가
소리쳐 나를 듣게 해다오

여린 순 끝으로 비친 초록을 부른다
너 푸른 이름아

너의 상처가 불어와 몰아친다면
바람 속에서 난 네 고독을 세우겠다

겨울 꽃

명절 대목이 코앞에 닿았다

물가에 여남은 여자들이 도란거린다
약간의 의식 같기도 한 채비 끝나도록
갯물은 미적거리고 앉아 있다

널이 미끄러져 간다

아직도 남은 이야기가 많다
같은 이야기로 울던 눈물도 남았다
무르팍 고일 동아리 틀며 손 굽어 불던
입김이 가시지 않았다

널이 너무 멀리 있다

활짝 핀 갯벌로 명절이 오고 있다
대굴대굴한 꼬막이 달려 나온다
뻘꽃 되어 나온 여자들

겨울 꽃이 무겁다

널이 강변에 선다

입 다문 겨울이 달그락달그락 씻기고 있다
깨끗이 씻어 이고
부둥켜 피어날 산마다
꽃불 질러놓고 돌아가는 갯손 아낙들

대대포구

대대포구 선창에는
작아도 이별을 싣지 않는 배가 있다

기우뚱, 기우뚱
배 타고 나가며 찔러 보시라

마음막이 얇아 쉬울성싶지만
울어서 무엇을 띄웠나 싶을 것이니

대대포구 작은 배 타고 가다
줄줄이 빠져나가는 것들에서

붉은 농게 발처럼 살았으면
이녁도 생태눈물이라 할 수 있으니

흔적이 사는 것을 보면

깃털이 강물 타고 내려가 바다를 만난다

새의 이름으로
이륙도 비상도 다만 대대나루까지 왔다
입에서 깃털까지
벌이가 필요했던 입과
가고자 푼 곳으로 날아
새 아닌 새로
바다가 있는 곳까지

드디어 붙이는 생태 표지 한 장

닻줄에 걸려 정지한 깃털이
어쩌면 삭제하고 싶은 것일 수도
아니면 정한 대로 인정하고 싶기도 한
하지만 서로 다른 하나
황홀한 새들이 스쳐 나오는 놀이였다

갈대열차

우연히 아버지 보시던 찬송가 펼쳐 보다
안쓰러운 글씨체가 눈에 들어와
오목가슴에 쓰러졌다

빨간 펜으로 적어가신 당신만의 숫자
칠십일 장까지 필사하였다
석 삼자와 넉 사자는 아라비아
그대로 하고 이십에서는
한일자 두 개 세워 이십을 만들었다
이십삼 장 〈만입이 내게 있으면〉에서는
허리 부러진 갈대 같아 나는 울었다

아버지 믿음이 무엇이었을까
칠십일 장 〈내게 있는 모든 것을〉에
끝을 두었다면
모두 드림으로 마감하지 않았는가
예배찬송에 머물러 지식의 부요함 없이
아는 만큼 엎드리다 만났을 하나님

아버지 타고 가시던 산길에 흘려놓은
구구단과 필적 알록달록 가을이 물든다

갈대열차 타러 나들이 가자고
열차표 사둔 지 두 해가 넘어가고 있다

석양이 불려간다

독한 말이 박힐 때마다
감긴 만큼
풀고 사는 장난감 생각이 난다

가만히 있는다

죽은 체 새들이 엎드렸다
갯바닥에 손을 얹어
구름이 살갑게 쓰다듬어준다

너를 더 사랑해야 하니까
나를 덜 사랑할 수밖에 없다고
말해야 한다

하루해가 풀어지고 있다

산마루 잠들어 누운 묘지 위에
석양이 불려가고 있다

사망신고서

먹지 않고 사는 것이 죽음일 거다

써서 못 먹는다고
어머니랑 아버지는 수저마저 집어던졌다
힘없이 흔드는 손가락 사이로
파고드는 잠을
내 오열로 깨우지 못하고
영면한 옷자락 만지며 슬픔만 퍼 담았다
들판의 새처럼
구슬픈 소리 지르며
날개로 힘을 붙여야 했지만
어느 새의 죽음은 독살이라 하였다
목숨들이 슬프게 젖은 순천만
더 살 수 있었다고 몇 자
적을 수 없었던 신고서

울지 않고 사는 것이 죽음일 거다

장산들에 오는 새는

은행나무 버럭 소리 지르며 잎을 날린다
당치도 않아 했는데
한꺼번에 떨어뜨릴 수 있는 것과
가지마다 물방울 거두어
차곡차곡 쌓을 수도 있는 것을
덩그마니 까치집만 남긴
지상의 염원 하나가 이루어지고 있다
노랗게 나락이 고개 숙이고
갯벌 붉어지는 장산들
은행잎이 서둘러
가뭄에 지친 뿌리에 앉는다
백두대간 끝으로 새들이 날아오는 아침

제3부

우리가 사는 이유

텅 빈 갈대뿐이거나 여자만에서 올라오는 갯물
그대 상상의 힘으로 순천만은 살아간다

눈에 보이는 것만 믿고 산다면 다 망하는 이유
그대 또한 망하는 이유다

고유한 방식

나쁜 사람의 영혼은 요동하는 바다다

갈대숲에 들어가면 내 키는 없다
바람의 방향이 생의 향방이거나
체념하는 고통의 성향이라 할지라도
정밀하거나 깊은 것 아니어서 다행이다
한 여자의 남자로 살며
만날 부딪쳐 정을 낳는 것이
또한 바람 같은 일이라고

바람과 관련한 것들이 나열되고 있다
흔들림, 공명,

산 것들이 살아가는 고유한 방식이다
내 몸에 난
신음이었고 발악이었으며
일설에 붙이는 마침표보다 못한
공갈이었으며 거짓이었고 중보였으며

거세게 불어야 흩어질 중독이었다

바람은 어떻게 키를 넘는가

우리의 번식은 순수해지다 만다
수없이 다듬은 갈대의 뾰족한 수
새싹과 나쁜 영혼의 방식은 다르다

갯벌은
뼛속 시리게 살아가는 것들의 답이다

봄소식

꿀벌이 날아와 머뭇거리는
촉촉한 아침
동백 숲 두른 언덕 그 집에서
건강한 화분(花粉)이 배달되었다
꽃은 한사코 피고
내 방식에 두고 꽃은
봄의 끝을 풀고 있었던 것이다
나는 한 짐의 꽃처럼
춘곤이 와서야 병을 앓지만
꽃은 도지지 않고
나는 또 한 번의 봄을
겨울 목으로 삼키게 된 것이다
단것도 과하면 독이다
맘 써준 아침
우수 날이 내 출생일이었다

종지기에게

종줄 잡아당기지 마십시오
그냥 종만 있게 해주시고

정오의 타종 그만두십시오
물들이 때맞추어
고진하고 있습니다

대신하여
귀가 열린 바다처럼
물꽃으로 피어나게 하세요

금성 대숲골

무너진 돌담 고치고
밭둑길 새로 다지면서
바르게 골라놓은 돌들의 살갗에
따뜻한 지문이 묻는다

준설 시작된 해룡천 포클레인 휘두르는 삽질로
바람은 한결 가벼워
왜가리 높이 뜨고
노란 짚신 발에 걸어 띄운 순천만

갈대발 구멍 끝 바람
사방 돌에 문지르고 온
응어리들을 찾아
대숲골 왕대 옆구리 치며 흔든다

겸허함으로 둘러 싼 높다란 벽에 기대어
푸르게 살아나가는 바람과
비우고 세울 수 있는 생과

생을 줄이고 있는 그 간절함을 보는 것

참으로 따뜻한 눈물이 난다

중국 기예 소녀

소녀야
몸짓 하나 하나로 밤이 깊어간다
깊어진 어둠 속에서 천기의 빛이 번쩍해
단박으로 네게 무한히 박수를 보낸다

소녀야
오늘 나는 슬퍼서 박수를 친다
원탁 위에 꽃을 물고 웅크린 태반의 춤
뒤집어지고 자빠지고
둥글둥글 물구나무 비틀고
위아래 돌고 돌아 밤을 자르는 선무
나의 오랜 잠버릇이다

소녀야
박수는 네게 돌리고 슬픔은 내 것이다
슬픔의 그 끝이 얼마나 더 아리겠느냐

빛나는 하늘의 저 별에게

칠월의 꽃들에게
이국의 밤 먼 고향으로 떠날 너에게
올올히 남아 내 심장을 두드린다

---

*순천만정원 동천갯벌공연장에서.

파란 길

그의 손등에 링거가 꽂혔다
그 검은 거죽으로 불거진 심줄 타고
링거가 길을 가고 있다
투석하고 돌아온 그가
한 주 머물러 있는 동안
그의 몸에 신호가 켜졌다
파랗게 바다를 가슴에 키우던 그가
새벽길 조용히 찾아간
갯벌바다
실뱀장어, 붉은머리오목눈이, 개개비
아주 작은 것들의 신호등이 켜졌다

소나무꽃

해룡산 소나무꽃 피었다

연화(蓮花)마을
고추밭 파랑거리는 소리
강변장어집 정원 연꽃시루에 수놓아
마삭줄 꽃눈 오른 봄

해룡산 성주 딸
두멍 가득 품고 소나무꽃으로 왔다

소나무꽃 노랗게 물든
방짜 그 집
자분자분 과한 사랑 나누는 사람들

해룡산 소나무꽃 피었다

남산에 달이 뜨고

동천 이사천이 맞잡은 갯벌
뉘엿뉘엿 지는 하늘 따라서 궁둥이 달이 젖는다

자박자박
쑥국새 월곡(月谷)마을 뒤란까지 내려와
살짝 사립을 닫는다

구들장 지지고 일어나
싸전 바닥에 떨어진 싸라기만 한 자잘한 이야기
세간 쪼들리는 것하며
사람 본시로 살기가 지루한
어물전 비린내만도 못한 살 냄새 흘리고서
건강이라도 본전하려는 남산족(族)들

폴싹폴싹 산에 풀어놓는다

궁둥이 달 쳐다보고 푸는 남산약수
수질에 간드러진 미소가 들었다

한나절은 사람이 먹고 한나절은 산이 먹고
서로 잊은 적 없이 사는
벌건 대낮에
궁둥이 달과 놀아나는 이만한 山도 없을 것이다

---

* 인제산을 남산이라 부른다.

서식지

다 자란 새끼 공연히 미워할까
떠날 때는 미운 정 까닭에
떠나고 나면 서운한 정든다 하던 말일까

어머니가
잘라 묻은 땅에 한없이 넘어지고서
멀거니 잊을 수 없다
삐거덕거리는 갈대 땅
꺾어지며 서 있는 퇴행성을

고집 부리는 아이
어이없이 딸애를 빗속으로 밀어 넣었다

미운 정도 키우지 못한 둥지
나는 또 멀쑥 갯벌만 쳐다보다 부러진다

설탕커피 마시며

설탕이 녹는다
파도가 녹아 오기까지
포말과 염분이 하얗게 간직된 것처럼
간 치는 것은
언제나 시간을 요약함이란 것
한 잔의 커피
우리는 서로 인생을 마시는
구순기로 산다
입이 점점 자라
모시는 문으로 깨달음이 오면
입의 문으로 녹아 나오는
제 몸이 달아 날아가는 별이 되겠지
썰물 다시 오길 기다리며
찻잔에 심은 갈대는 커서
바람 가누고 일몰이 선다
이제 가야지
갯벌에 돌을 집어던진다
밤새 녹기를
나도 녹기를

슬픈 언어

늘 보고 사는 바다지만 할미바다는
몰캉한 갯벌바다
해수욕장 그늘로 나들이한 할미들
벗겨진 일상의 껍질이 두툼하다

—바닷가에 오막살이 집 한 채

쭈그러진 노랫소리가 흘러나오는 동안
보리떡 씹으며
방귀 얘기에 빠져든 할미들이
웃어도 주름 타고 파도 소리만 들리는
오월의 바닷가
철모르고 나온 벌거벗은 노랑머리
이국 계집애들에게 할미들은

—젖싸개와 씹따깡은 있구먼

옛날말로 쳤는데 알아들었을까 싶다

백사장 모퉁이
젖만 한 검은 돌 보듬고 사는 하루가
슬픔이란 것 말 다 못하고
쓸쓸히 돌아오는 길
여체에서 슬픈 언어가 자고 있었다

갈대는 바다를 품고 산다

감춰진 자존심 꺼내지 마라

갈대처럼 눕혀도

스스로 핍박하지 마라

저 바다 품고서

하나씩 삭히며 살다가 가라

해넘이 사내의 눈물

소나무가 칼질 당한 후 구사일생으로 살아서
다랑이를 지키고 섰다

너무 컸다
좋은 자리로 컸으면 칭송받았을 것을
햇빛 두고 싸운 상처가 짓물러 흐르고 있다

끈적임 속으로 거두어 덮는 비경한 순간

사내는 소나무처럼 기다리다
쏟아지는 붉은 노을 순천만 S라인을 잡는다

오냐, 신과 맞설 수 있는 눈물

일발의 셔터
사내의 눈물이 끈적거리며 인화되어 나온다

학산 감나무

학이 날개 펴고 날아가는 듯
산은 순천만을 향하고 있다

학산 아래
700년 꽃 피고 지고 산 감나무
노인의 기억으로
20년 전 태풍 맞은
빈터만 멀리서 가르쳐준다
거기 그쯤일 거야
망망히 지워지고 있는
옛날이야기
구멍으로 여럿이 들랑거렸고
모내기하며 참 먹기 그만이었고
제 올려 굿 치던 나무였고
영락없이 한쪽은 단감이었고
한쪽은 떫은 두 맛이었던
신비한 당산 감나무

어린 꽃들이 자욱하게
지천에 피고 있는 감꽃마을

혼여

이정표가
갯벌의 아득한 비어로 부른다

바다는 여자만으로 갔다
올 때는 섬 하나 안고 오고

주인 잃은 말[馬]은 산이 되었다

단단한 언어가 자라
섬이 뜬다

가슴 메지게 살아가는
물때마다 돌이 떠오르는 거차

---

*혼여는 별량 마산리 거차에 있는 장군섬이다.

소금밭 추억

애기지게에다 천일염 한 포대 지고는
염전 개울에 빠져 쩔쩔매고 있었다

앞서 가시던 어머니 뒤돌아보며
괜찮냐, 한 마디에
나도 녹고 소금도 금세 녹았다

미용실 바닥에 떨어진
반백 머리카락
다음엔 더 하얀 꽃이 날아 내리겠지

장산들 양식장 둑에 나앉아
희게 피는 것들의 속도를 짚어본다

새우가 뛰던
지난가을 생각하니
소금구이 맛 무던히 즐겼던 것이다

---

* 장산들 앞 새우양식장은 예전에는 염전이었다.

물꽃

처음부터 고이는 것이 무엇인지
배우는 물이 있기도 하고
상처 하나 없이 떨어져 강의 이름 받는
물이 태어나기도 하고

얼마나 고요해지는지 푸르게 털이 자라
푸른 털이 말라 검은 거죽이 될 때까지
몸 태워 도해한 물의 흔적이거나

수평이 무너지는 여울로 기울어지다
봉화산 그늘 가늠하는 해면까지
강이 흔들릴 만큼 무수히 꽂혔다든지
누구든 먹어 물이라고 하든지 간에

너에게로 오는 동안 부황난 꽃이
꽃물이 되려 했음도 잊어버리고
노랗게 먼저 피어나는 달맞이 강

동천 곁에

눈부신 물꽃으로 올 것이다

사랑 익히기

살구가 익을 때면 훨훨 타는 해
바닷가 돌집 마당에 여름이 든다

보리밭에 풀어졌던 바람
한 단 묶어 세우니
잘록한 허리 분명코 그녀 닮았다

숭어 떼 오르는 갯고랑

놀짱하게 끌어다 놓는 해질녘
차오른 눈물에 벙벙 여름이 왔다

불무골

버리는 것이나 벼리는 것은
같은 수행이다
때로는 욕망이었고 배부름이었으며
끼니였고 도구였다
무딘 연장처럼
녹이 슬거나
통절한 아픔으로 관계한
분신이었음을 망각하지 말자
군 똥이 다 제 것이라던
통 큰 녀석도
중년의 무딘 낯으로 울고 만 불무골
한바탕 배회하다
쇠똥 한 덩어리로 꽂힌 뒤
뿌직거리며 솟구치는 새떼 속에서
떴다
저기 저
다시 관통하는 고통이 참 시원하다

해어화(解語花)

풍덕동을 풍덩리라 부르기도 한다
물풍년 들 때마다
억장이 펑펑 무너지던
말 부리던 사람들이 살았던 역밭

2013년 국제정원지인 풍덩리
이국의 근사한 뜰에서
일패의 꽃이 화려하게 올랐다

우리는 꽃의 생을
낙화로만 알았었지 뭔가

바람은 꽃에서 말을 받아내려 한다
비는 다시 꽃을 울리고
양귀비 같은 애첩이 될 수 있을까

역천동 사내들의 농 소리가
수수백년 한 마디 답이었을지도

오늘밤은 어느 혼에 불을 켜는가

풍덕동에 별이 뜬다

안부

전봇대 매달린 알전구 그가 지켜온 아침
한 줄기 불어넣는 목소리 터지는 산에서
산새 소리 귀에 박히고

순천만 끝으로 붉어진
가물가물한 빛이 눈에 닿는다

반질반질 서리 맺힌 이마
자갈이 걷어차이는 아침

전신에 눈 덮인 산이 며칠이었는지
새 날아오던 날 무슨 바람 탔는지

기억만이
얼지 않고 있다는 것뿐

다시 순천은 꽃바람 칠 우듬지에 걸친다

해설

애정으로 길어 올린 순천만의 아름다움

지주현 문학평론가

1.

정홍순 시인의 이번 시집에는 '순천만'의 모든 것이 들어 있다. 그만의 풍부한 감성과 애정 어린 시선이 포착한 순천만의 풍경들은 때론 따스하고 감미롭게, 때론 절절할 정도로 아프게 독자의 마음을 파고든다.

먼저 화자는 순천만을 이루는 크고 작은 대상들을 두루 포착하고 그들 하나하나에 대하여 정성스레 주목하고 있다. 화자의 정겨운 눈에 비친 이 대상들은 바다의 생명력과 모성에 힘입어 더할 나위 없이 긍정적인 모습으로 그려진다.

무너진 돌담 고치고

밭둑길 새로 다지면서
바르게 골라놓은 돌들의 살갗에
따뜻한 지문이 묻는다

준설 시작된 해룡천 포클레인 휘두르는 삽질로
바람은 한결 가벼워
왜가리 높이 뜨고
노란 짚신 발에 걸어 띄운 순천만

갈대발 구멍 끝 바람
사방 돌에 문지르고 온
웅어리들을 찾아
대숲골 왕대 옆구리 치며 흔든다

(…중략…)

참으로 따뜻한 눈물이 난다

—「금성 대숲골」 부분

좋을 때나 서글플 때 언제든지 즉시 꺼내어 극대화된 기쁨의 동반자, 혹은 격려와 위로의 치유자로 삼을 수 있는 가슴 속 한 자락의 풍경을 지닌 이라면 늘 행복할 것이다. 위 시의 화자에게 '순천만'은 바로 이와 같은 의미를 지닌 장소가 아닐까 한다.

1연에서는 우리네 보통 시골이 친근하게 보여주는 대상들인 "무너진 돌담", "밭둑길", "골라놓은 돌들" 등이 구체적인 생생함과 함께 제시된다. 1연을 배경으로 하여 이어진 2연에서는 비로소 순천만의 개성적인 윤곽의 일면이 드러나고 있다. 논밭과 하천이 그림처럼 어우러진 이곳은 뭍의 온화함과 바다의 에너지가 만나 신비스런 조화를 이룬다. 2연은 순천만을 이루는 대상들이 서로의 존재에 연쇄적으로 기대어 한층 더 생명력을 키우고 있음을 보여준다. "해룡천"이 있어 "바람"이, "해룡천"과 "바람"이 있어 "왜가리"가, 높이 날아오른 "왜가리"의 부지런한 시선이 있어 "노란 짚신 발에 걸어 띄운 순천만"이 비로소 그 진경을 드러내는 것이다.

3연에서는 바다와 육지를 오가며 많은 사연들을 접하고 품은 "바람"과 끊임없이 자신을 비우면서 세워가는 "대숲골 왕대"가 만나 교감하고 조응하는 모습이 잘 묘사되고 있다. 위 시에서 감상자들은 돌, 해룡천, 왜가리, 갈대밭, 대숲골 왕대, 바람 등 자기 식구들을 가슴에 품은 넉넉한 어머니로서의 순천만을 읽는다. 마지막 부분에서 감상자들은 순천만에 깃들인 존재들에 대한 애틋함으로 가득 찬 화자의 심회에 왠지 덩달아 눈시울이 뜨거워짐을 느낄 것 같다. 또한 순천만을 이루는 소소한 대상들에 대한 관심의 양상은 「메리 크리스

마스」에서 "십리 갈대 길"에 주목한 내용 등을 비롯하여 다수의 작품들에서 다양하게 드러나고 있다.

나 죽거든
네 눈물로 나를 덮지 마라

순천만 맑은 두멍 물
한 홉 길어다 쏟으면 좋겠다

나 죽거든
네 아픔으로 나를 묻지 마라

순천만 어딘가
울다 만 병이 남았을 거다

—「눈물병」 전문

위 시에서 화자는 순천만 전체를 '눈물병'으로 이미지화하고 있다. 순천만 인근의 주민들 및 여러 가지 이유들로 순천만을 오간 많은 이들의 사연과 눈물들을 이곳은 고스란히 받아들였다. 오랜 세월이 지나면서 그 눈물들은 증류되고 정화되어 그 어디에서도 찾기 어려운 '맑디맑은' 물이 된 것은 아닐까. 2연의 "순천만 맑은 두멍 물"은 그런 과정이 있었기에 더 소중하고 4연의 "울다 만 병"은 훨씬 섧고 애달프게 느껴진다. 희로애락의 모든 질곡을 묵묵히 감싸 안는 순천만이 늘 그 자리에 존재하기에 이곳을 찾는 이들은 삶의 피로를 떨쳐버린 채 한결 가벼워진 심신을 되찾을 수 있다.

위 작품에서 사는 동안 내내 순천만과 동행하던 화자는 급기야 죽음에 이르러서도 순천만의 품에서 순천만과 함께 가겠다고 한다. 이 대목에서는 삶과 죽음을 초월하여 절대적 치유 공간의 위상을 부여받은 순천만 일대의 존재감을 확인케 된다. 또한 저승길의 유일한 동반자로 순천만을 지목한 화자의 의지로부터 이곳은 모종의 신성성까지 확보하는 모습이다. 한편 순천만을 구성하는 생명체들의 작은 흔적에도 감격하곤 하는 화자의 시선은 여러 시편들에서 다채롭게 나타난다. 시편 「농게와 밥」은 천연기념물 제22호인 '흑두루미'의 "우아한 식사" 장면을 통해 인간과 동물의 자리를 가볍게 전도시킨다. 농게 한 마리를 입에 문 흑두루미와 간장게를 먹는 인간 사이의 유일한 차이란 단지 '날것' 섭취의 유무에 있을 뿐이다. 인간과 다를 바 없는 흑두루미의 "성스런" 식사 앞에서 동물과 인간, 자연과 인간 사이의 경계가 사라져버린 순천만을 본다.

2.

순천만에 대한 화자의 애정은 이 장소를 구성하는 모든 오브제들에의 관심에서 시작하여 서서히 이들의 삶 속에 알뜰히 녹아 있는 문화적인 영역 속으로 이동해 간다. 여기서 화자의 시선은 순천만 사람들이 만들어가는 하루하루의 발자취와 구체적인 호흡에 맞닿아 있다.

명절 대목이 코앞에 닿았다

물가에 여남은 여자들이 도란거린다
약간의 의식 같기도 한 채비 끝나도록
갯물은 미적거리고 앉아 있다

(…중략…)

활짝 핀 갯벌로 명절이 오고 있다
대굴대굴한 꼬막이 달려 나온다
뻘꽃 되어 나온 여자들
겨울 꽃이 무겁다

—「겨울 꽃」 부분

순천만 일대는 갯벌 지역으로도 유명하다. 만조 때는 바다 속에 잠겨 있다가 간조 시에 일제히 위용을 드러내는 갯벌은 그 자체로 자연의 깊은 신비를 보여준다고 하겠다. 바다에 포함되면서 동시에 뭍이기도 한 이곳은 기실 그 어느 한쪽에 속한다고 말할 수 없다. 즉 양가적인 정체성을 지녔으면서 비일상적인 공간이라 할 것이다.

순천만 사람들에게도 양가성의 세계인 이 갯벌은 매우 특별한 의미로 다가온다. 평상시에 갯벌이 생계를 위해 이들을 땀 흘리게 하는 일터이자 휴식 공간이었다면, 명절이 다가올 무렵 이곳은 명절날의 상차림을 풍성하게 해줄 근사한 시장이 된다. 위 시의 1연에서 배경으로 제시된 "코앞에" 다가온 "명절 대목"은 사람들 사이에 배어 있는 은근히 들뜨고 가슴 설레는 분위기를 전달한다. 이어 2연에서는 명절을 기다리는 여자들의 모습이 생생하게 묘사되고 있다. 갯물 사이로 둘러앉아 "도란"거리며 본격적으로 바다 생물 채취에 나설 준비 중인 이들의 모습이 마치 어떤 "의식"처럼 보이는 것은 갯벌이란 공간의 양가성 및 일탈적이면서도 신비스런 성격 때문이리라.

갖가지 생명체들이 살아 움직이는 까만 땅을 온몸으로 파헤치면서 아낙네들은 어느새 "뻘꽃"으로 변해버린다. 인용 후반부에서는 바다를 향해 나란히 서서 갯벌의 일부로 갯벌이 키워낸 자식들을 애써 꼼꼼하게 거두고 있는 이들의 수고가 정겹게 그려진다. 마지막 대목은 명절을 앞둔 설렘으로 더욱 부산해진 일손들을 바라보면서 안타까워하는 화자의 심경을 형상화하고 있다.

위 시는 문화를 구성하는 중요한 요소이기도 한 명절과 명절 무렵의 풍속을 소재로 하여 순천만 사람들의 속내를 드러낸다. 간조 때만 자신을 내보이는 땅에서 그 땅이 존재하는 동안 온몸에 뻘을 뒤집어쓰는 것을 개의치 않은 채 자신들만의 방식으로 명절을 준비하는 이들에게서 노동의 뿌듯함이 전해져 온다.

날 수 있는 것을 제 날개보다 더 믿는 것이 새다
때로는 날개가 너무 아플 때도 있었으니까

꼬꼬산 아래 채씨 집안들로 반촌 이룬
황새머리 솟아 있는 학봉에서
신선이 터 잡아주었다는 선학리(仙鶴里) 뒤란
저수지 물이 새난들로 흘러
진펄 적시고 개펄에서 성에 띠 띠는 동안
차디찬 하늘 질금 매는 것은 새들이었다

(…중략…)

꼬꼬산 바위에 새겨진 십자가
학의 날개 같은 십자가

십자가 지고 가듯 울타리 돌아가는 나뭇짐
반촌의 밤은 일광 베고 잠들 것이다

—「학은 해를 이고 있을까」 부분

새는 두 날개를 가진 것으로서 규정되는 동물이다. 그런데 위 작품에서 새란 "날 수 있는 것을 제 날개보다 더 믿는" 존재라고 한다. 이 말은 흔히들 생각했듯이 날개가 있어서 당연히 새가 난다기보다는 새의 날고 싶은 본능적 욕망이 양쪽 날개를 단련하여 사용하도록 만든다는 함의를 나타내는 것 아닐까.

그러나 비상하고픈 욕구와 함께 부여받은 새의 날개가 그 자신에게 마냥 행복한 조건인 것만은 아니다. 날개란 탄생에서부터 필연적으로 스스로 자기와의 부단한 싸움을 하게 만드는 덫이기도 한 때문이다. 조물주는 새에게 날 수 있는 권리를 부여하고 도구인 날개를 허락했지만, 그가 이 날개를 최대한 활용하여 탁월하게 비행하기 위해서는 "십자가"라는 녹록치 않은 값을 지불해야만 할 것이다. 위 시에서 화자는 하늘과 지상을 잇는 존재인 새 중에서도 순천만의 정갈한 이미지를 표상하는 '학'의 날개를 클로즈업하면서 이러한 측면을 부각시키고 있다.

한편 위 시를 주의 깊게 읽다 보면 순천만 한 부분의 지리가 지도처럼 선명하게 머릿속에 펼쳐지는 것만 같다. 2연에서

"채씨 집안들"로 이루어진 "반촌", "황새머리 솟아 있는 학봉", "선학리(仙鶴里) 뒤란", "새난들", "진펄", "개펄" 등 구체적으로 언급된 지명들은 감상자들에게 순천만에의 향수를 다시금 불러일으키면서 반촌과 그 일대의 문화 지리적 자료들을 사실적으로 제시하고 있다. 위 시는 생태수도로 상징되는 순천만의 지리적 측면과 문화적 가치를 잘 보여준다. 또한 이와 같은 맥락에서 시편 「해어화(解語花)」에서는 "2013년 국제정원지 풍덩리"의 면모를 애상적으로 담아내고 있다.

3.

앞서 순천만을 이루는 대상들 및 순천만 일대의 지리적 풍광에 천착하던 화자의 시선은 이제 한 걸음 더 나아가 순천만과 그 호흡이 닿아 있는 모든 사람들에게로 향하기 시작한다. 유정하고 따스한 가슴을 지닌 화자에게 순천만을 둘러싼 이들의 사연은 하나하나가 더할 나위 없이 애틋하고 소중하다.

> 목구멍이란
> 서러움과 기쁨이 왕래하며 만들어낸 전설구멍이다
>
> 오늘은 바람이 넘친다
> 고요히 묻혀 자던 순천만에 바람이 넘친다

섣달 스무사흘이 여든다섯 생일인 귀례 씨
남해에서 천안에서 서울에서
재취로 간 어머니 찾아
보름이나 앞당겨 차려 내온 생일상에 목이 멘다

새 옷고름 한번 매보지 못하고
살며 속은 세월이 서러워
딸년들 가슴에 두고 살아온 죄가 무거워
생전 처음이란 말로 갈음하는 아침
바람이 넘친다

아배라는 끄나풀 끊어지자
목구멍이 무서워 정실도 못하는 세월 속으로
생명의 껍데기일 뿐 어머니는 아니었다

본시 부르던 이름 불러주오 하던 날처럼
담 밑에서 노래 짓고 놀더라고 기별하던
"키야 키야 어서 커라 우리 엄마한테 가게"
어린 딸들의 노래 삭히지 못하고 게우는 그에게

다 자란 갈대처럼 하얀 꽃을 얹은 딸네들이
울어 넘치는 바람으로

오늘은 얼음 끝도 한 치나 자라고
늙은 사위의 사모곡은 아침 내내
순천만을 꼭 여미게 하였다

—「서러워 기쁜 날」 전문

위 시는 애환으로 가득 찬 순천만의 이미지를 닮은 "귀례 씨"의 서글픈 이야기를 담아내고 있다. 갈등이 부각된 서술시의 형태를 띤 위 작품은 주인공의 일생을 '재취로 결혼함—어린 딸들과 생이별하고 어렵게 살아옴—남편 죽은 이후 고달픈 삶을 살다가 85세 생일을 보름 앞두고—각지에서 찾아온 딸네들과 늙은 사위의 사모곡이 순천만의 아침을 섧게 물들임'이라는 구조로 정리한다. 시 속에 드러난 "귀례 씨"의 인생은 결코 순탄하지 못하다. 어떤 배경이 생략되어 있는지 모르나 그녀는 재취로 재가한 이후, "살며 속은 세월"을 보내면서 "딸년들 가슴에 두고 살아온 죄"로 늘 서러웠다. 그리고 남편을 여읜 후 그녀의 삶은 "생명 껍데기"라는 어휘의 파장이 지시해주듯 물심양면으로 힘든 생활의 연속이었을 것이다.

시의 마지막 연은 그렇게 한 세상을 살아온 어머니의 운명 앞에서 역시 본인들조차 무거운 운명의 굴레로부터 완전히 자유롭지는 못했을 딸들의 모진 울음을 부각시키고 있다. 살점과도 같은 딸들을 억지로 떼어내고 그 생채기에 시달렸을 어머니의 고통과 평생 어머니에의 그리움을 가슴 한구석에 묻은 채 연연해했을 딸들의 회한이 교차하면서, 순천만의 이날은 숙연하기만 하다.

위 작품에서 순천만은 그만의 고적한 바다와 수줍은 갈대, 맑은 바람 등을 통해 온힘을 다하여 모친의 고달프고 모진 기구한 삶을 가족들이 위로하고 있다. 또한 위 시가 대상으로 한 여인의 그것과 같은 정도는 아니라 할지라도 순천만을 찾는 모든 인간의 삶은 나름대로 다소간의 아픔들을 지닐 것이다. 주민들뿐 아니라 오가는 많은 이들의 한숨과 눈물을 받아 그 정결한 맛을 더해가는 헌신적인 어머니 순천만의 품에서, "사모곡"으로 가득 찬 이 서글픈 날도 서로에의 진한 사랑에 힘입어 "서러워 기쁜 날"로 화하고 있음을 본다.

여의주를 희롱한다는
농주(弄珠)마을 앞 용산전망대에서
미인의 눈물을 본다
갈대 같은 그녀
솔가지 스치는 바람 마디가 있는가
엎어져 흔드는 가랑잎 사이
산꿩 소리 날아와
붉게 타며 용의 눈이 젖는다
전설 같은 하루 흘리고 있는
그녀 가슴에 물길 갈라지고

새들도 따라 흐르다 떠가는 길에
들물 속으로
머리 디밀고 일몰 걸쳐 입는
그녀의 눈물은 얼지 않는다
소리 없이 흘러
생의 밑바닥 적신 지순한 전설은
알알이 석류 알처럼
맛있는 빛으로 익을 것이다

—「미인의 눈물」 전문

위 시에서 화자는 한순간, 어느 "미인의 눈물"을 바라본다. 이어 아프게 우는 그녀의 모습 속으로 "산꿩"이 찾아들고 "용"과 "전설"로 집약되는 태곳적으로부터의 역사가 이에 동참한다. 생각해보면 기나긴 역사 속에서 서민들의 삶이란 언제나 애환과 눈물로 얼룩진 것이었으리라. 특히 '끝없는 기다림', '지워지지 않는 기억', '물이 주는 애상성의 정서' 등 바다가 부여하는 상징적 파장들과 더불어 살아온 바닷가 하층민들의 삶 속에는 평야의 삶에서보다 훨씬 진한 애수가 묻어 있다. 이어지는 대목에서는 "꿩"과 "용"에 더하여 "새"들이 그녀의 눈물에 연대함과 아울러 이 눈물은 "얼지 않"고 마르지 않는 영속성의 의미로 다가간다.

결국 이 작품에 등장한 '그녀'는 비록 가난하지만 끈끈한 사랑과 증류수 같은 눈물을 간직한 순천만을 둘러싼 사람들 전체에 대한 상징이리라. 화자는 가족이나 이웃과 같은 이 사람들의 애끓는 아픔들에 공감하면서 이를 “미인의 눈물” 속으로 집중시키고 있다. 그러나 마지막 대목이 보여주듯이 갖가지 사연들로 점철된 이들의 눈물이 그저 공허한 메아리에만 그칠 수는 없다. 마지막 행에 드러난 “맛있는 빛으로 익을” “석류 알”의 이미지는 이들의 눈물이 고통에 대한 인내가 담보하는 값진 정신적 결실로 이어지리란 점을 환기한다. 이처럼 결실에의 확신을 지닌 이들의 열정과 눈물이 있어 순천만은 지금처럼 아름답고 청정한 고유의 비경(秘境)을 가지게 된 것인지 모른다.

이 도서의 국립중앙도서관 출판시도서목록(CIP)은 서지정보유통지원시스템 홈페이지(http://seoji.nl.go.kr)와 국가자료공동목록시스템(http://www.nl.go.kr/kolisnet)에서 이용하실 수 있습니다.(CIP제어번호: CIP2019025686)

문학의전당 시인선 0308

갈대는 바다를 품고 산다

초판 1쇄 인쇄 2019년 7월 12일
초판 1쇄 발행 2019년 7월 19일
지은이 정홍순
펴낸이 고영
책임편집 서윤후
디자인 헤이존
펴낸곳 문학의전당
출판등록 제2017-000002호
주소 서울시 마포구 마포대로 11길 91, 3층
전화 02-852-1977 팩스 02-852-1978
전자우편 sbpoem@naver.com

ISBN 979-11-5896-427-6 03810

* 이 시집은 2019년 한국예술인복지재단 창작준비금을 지원받아 제작되었습니다.